LA
LÉGISLATION ÉTRANGÈRE

SUR

LA CONSERVATION DES FORÊTS

PAR

L. GAST
GARDE GÉNÉRAL DES FORÊTS

EXTRAIT DE LA REVUE DES EAUX ET FORÊTS
Numéro de juillet 1876.

PARIS
BUREAUX DE LA REVUE DES EAUX ET FORÊTS
13, RUE FONTAINE-AU-ROI

1876

LA
LÉGISLATION ÉTRANGÈRE

SUR

LA CONSERVATION DES FORÊTS

PAR

L. GAST

GARDE GÉNÉRAL DES FORÊTS

EXTRAIT DE LA REVUE DES EAUX ET FORÊTS .
Numéro de juillet 1876.

PARIS

BUREAUX DE LA REVUE DES EAUX ET FORÊTS

13, RUE FONTAINE-AU-ROI

1876

LA LÉGISLATION ÉTRANGÈRE

SUR LA CONSERVATION DES FORÊTS

La conservation des forêts dans les régions montagneuses est une question dont l'importance, depuis longtemps reconnue, a été affirmée en France par la loi du 28 juillet 1860 sur le reboisement. Grâce à cette loi, complétée par celle du 8 juin 1864 sur le gazonnement, la disparition des désastres causés par le déboisement et le pâturage n'est plus qu'une affaire de temps et d'argent.

La Prusse, la Suisse et l'Espagne se sont émues à leur tour des dangers considérables et toujours croissants que la destruction des forêts entraîne avec elle dans certaines contrées et spécialement en montagne. Ces trois États ont donc mis à l'étude les mesures préventives et coercitives à introduire dans leurs législations jusqu'à ce jour impuissantes à défendre les forêts contre les dangers qui les menacent.

La question de la conservation des forêts est donc devenue générale, et à ce titre il paraît intéressant de mettre sous les yeux des lecteurs de la *Revue* les différents projets de lois préparés par les gouvernements étrangers.

Nous commencerons par la Suisse, notre proche voisine, dont la configuration offre tant d'analogie avec celle de nos départements alpins.

SUISSE.

La constitution de la Confédération helvétique laisse à chaque canton le soin de voter ses lois, de les appliquer comme bon lui semble ; les questions qui présentent un intérêt général d'un ordre supérieur sont seules régies par des lois applicables à toute l'étendue de la Confédération.

Jusqu'à présent chaque canton a eu sa loi forestière spéciale : ceux du Nord ont su prendre depuis plusieurs siècles des mesures conservatrices qui ont permis aux forêts de prospérer sur les montagnes ; le Valais et le Tessin ont abandonné les leurs, comme d'un intérêt secondaire ; ils ont encouragé par leur silence le pâturage et le défrichement, mais depuis quelques années ils ont compris toute l'étendue du mal et ont voté des lois conservatrices dont l'application a présenté de grandes difficultés.

La solidarité qui existe entre les divers cantons dans les désastres qui sont la suite des défrichements et des abus de pâturage vient de décider le Conseil fédéral à voter une loi forestière applicable à toute l'étendue de la Confédération et dont voici le texte :

LOI FÉDÉRALE

CONCERNANT LA HAUTE SURVEILLANCE DE LA CONFÉDÉRATION SUR LA POLICE DES FORÊTS DANS LES RÉGIONS ÉLEVÉES

I. Haute surveillance de la Confédération.

Art. 1er. La Confédération exerce la haute surveillance sur la police des forêts dans la zone des régions élevées de la Suisse.

Art. 2. Cette haute surveillance s'étend :

1° Sur tout le territoire des cantons d'Uri, Unterwalden, Glaris, Appenzell, Grisons, Tessin et Valais ;

2° Sur la partie montagneuse du territoire des cantons de Zurich, Berne, Lucerne, Schwyz, Zoug, Fribourg, Saint-Gall et Vaud.

Dans ces derniers cantons, le Conseil fédéral fixera, de concert avec les gouvernements intéressés, les limites des contrées alpestres qu'il y a lieu de placer sous la haute surveillance de la Confédération.

Si le Conseil fédéral et le Gouvernement cantonal ne parviennent pas à s'entendre au sujet de la délimitation forestière, c'est l'Assemblée fédérale qui décide.

Art. 3. Dans les limites de la zone forestière fédérale, toutes les forêts protectrices sont soumises à la haute surveillance de la Confédération.

Les forêts de l'Etat, des communes et des corporations sont soumises à cette surveillance lors même qu'elles ne sont pas des forêts protectrices.

Les articles 11, 14 (alinéa 2, 3 et 4), 15, 20 et 27 (chiffres 2, 4, 8 et 9) de la présente loi sont seuls applicables aux forêts des particuliers qui n'ont pas le caractère de forêts protectrices.

Art. 4. Les forêts protectrices sont toutes les forêts qui, en raison de leur altitude ou de leur situation sur des pentes abruptes, des points culminants, des arêtes, des croupes de montagnes, des saillies, ou dans la région des sources, dans des défilés, dans des ravins, au bord des ruisseaux et des rivières, ou celles qui, en raison du boisement insuffisant d'une contrée, servent de protection contre les influences climatériques, les ravages du vent, les avalanches, la chute des pierres ou des glaces, les affaissements de terrains, les affouillements, les ravines et les inondations.

Art. 5. Les cantons devront, dans un délai de trois ans, opérer un triage entre les forêts protectrices et celles qui ne le sont pas.

Cette opération sera soumise à l'examen et à l'approbation du Conseil fédéral.

Art. 6. Les cantons édicteront les décrets et les ordonnances nécessaires pour l'exécution de la présente loi, et les soumettront à l'examen et à la sanction du Conseil fédéral.

Le Conseil fédéral veille à leur application ; il nomme à cet effet un inspecteur forestier et lui adjoint un personnel suffisant.

II. Circonscriptions et personnel forestier.

Art. 7. Le territoire des cantons et des parties de canton rentrant dans la zone forestière fédérale sera divisé par les gouvernements cantonaux en vue d'une bonne organisation forestière.

Art. 8. Pour l'exécution et l'application des lois forestières, les cantons nomment et rétribuent le nombre nécessaire de forestiers suffisamment instruits.

Art. 9. Les cantons ont l'obligation de former, au moyen de cours de sylviculture, des employés subalternes qualifiés pour les fonctions qu'ils ont à remplir.

III. Dispositions concernant la conservation des forêts et les conditions imposées aux propriétaires des forêts.

Art. 10. Toutes les forêts soumises à la haute surveillance fédérale (art. 3) seront délimitées dans un délai maximum de cinq ans.

Toutefois, lorsqu'un massif est composé de parcelles appartenant à différents propriétaires, il suffira d'en borner la limite extérieure.

Art. 11. Dans l'intérieur des limites fixées, l'aire forestière ne pourra être diminuée *sans la permission des autorités cantonales*, les coupes et les clairières qui seront pratiquées à l'avenir devront être reboisées, à moins qu'une surface équivalente d'un autre terrain ne soit plantée en forêt.

Les défrichements sont interdits :

a. Dans les forêts protectrices ;

b. Lorsqu'ils compromettent l'existence des forêts protectrices.

Il ne peut être fait exception à ces dispositions qu'avec l'autorisation spéciale du Conseil fédéral.

Art. 12. Tous partages réels de droits de propriété ou de droits de jouissance concernant des forêts de l'Etat, des communes et des corporations, sont interdits à moins de circonstances exceptionnelles dont connaît le gouvernement cantonal.

Art. 13. Les forêts des communes et des corporations ne peuvent être aliénées sans l'autorisation du gouvernement cantonal.

Art. 14. Les droits de parcours et d'enlèvement de la fane, ainsi que toutes les autres servitudes qui grèvent les forêts protectrices (art. 4), seront rachetés s'ils sont incompatibles avec le but pour lequel ces forêts sont établies. Ce rachat aura lieu dans le délai maximum de dix ans.

Les droits d'usage en bois qui grèvent les forêts soumises à la haute surveillance fédérale peuvent être rachetés par le propriétaire foncier. L'indemnité peut être acquittée en argent ou, si les circonstances rendent ce mode de payement impraticable, par l'abandon d'une parcelle équivalente de terrains de même nature.

La législation cantonale fixe le mode d'affranchissement et la procédure à suivre pour le rachat des servitudes ci-dessus désignées.

Les forêts ne peuvent être grevées de nouvelles servitudes de ce genre.

Art. 15. Les transactions contraires aux articles 12, 13 et 14 sont nulles.

IV. Dispositions sur l'aménagement. Création de nouvelles forêts.

Art. 16. Il sera levé le plan des forêts de l'Etat, des communes et des corporations ; dans ce but elles seront aménagées et leur exploitation régularisée.

La possibilité annuelle de la forêt sera déterminée et basée sur le rapport soutenu; celui-ci ne pourra être dépassé sans une autorisation du gouvernement cantonal.

Si, par suite de circonstances exceptionnelles ou d'une exploitation illicite, le rapport soutenu a été dépassé, les coupes des premières années suivantes seront diminuées d'une quantité équivalente.

Art. 17. Dans les forêts pour lesquelles on ne peut pour le moment établir des plans d'aménagement définitifs, on devra, dans les cinq années qui suivront la promulgation de la présente loi, déterminer par un plan d'aménagement provisoire le chiffre de la possibilité annuelle, ainsi que le mode d'utilisation, de régénération et de culture des forêts.

Art. 18. Les cantons sont compétents pour régler l'exploitation des forêts .des particuliers dans les limites de la présente loi.

Art. 19. Les gouvernements cantonaux sont tenus de prendre les mesures administratives et de police indispensables pour assurer la conservation des forêts protectrices (art. 4) et la réalisation du but pour lequel elles sont établies.

Art. 20. Les exploitations accessoires en usage dans ces forêts et qui sont de nature à nuire à un bon aménagement, telles que le parcours du gros et menu bétail, la récolte de la fane (feuille), etc., seront cantonnées ou, si le besoin l'exige, suspendues ou supprimées.

Les exploitations accessoires qui sont admissibles d'une manière absolue ou sous certaines conditions seront réglées dans l'intérêt d'un bon aménagement.

Art. 21. Les terrains qui pourraient devenir des forêts protectrices importantes dans le sens de l'article 4 devront être boisés sur la demande du Gouvernement cantonal ou du Conseil fédéral.

Le Canton et la Confédération contribuent aux frais du premier boisement et, si le Conseil fédéral le juge convenable, aux travaux d'amélioration qui deviennent nécessaires dans les quatre premières années suivantes, lorsqu'il n'y a pas de faute de la part du propriétaire.

Art. 22. Si les terrains à boiser appartiennent à un particulier, le canton a le droit, et à la demande du propriétaire il est tenu de les exproprier moyennant une indemnité complète, conformément à la loi fédérale du 1er mai 1850 sur l'expropriation pour cause d'utilité publique.

V. Des subventions fédérales.

Art. 23. La Confédération subventionne les cours de sylviculture prévus à l'article 9 et les organise de concert avec les cantons.

Art. 24. La Confédération subventionne aussi :

1° La création de nouvelles forêts (art. 21 et 22) ;

2° Les reboisements de forêts protectrices (art. 4) pour autant :

a. Que celles-ci ont une grande importance pour la sécurité contre les accidents du terrain, tout particulièrement si elles sont en corrélation avec des travaux de défense ;

b. Que les reboisements présentent de grandes difficultés d'exécution.

Art. 25. Le Conseil fédéral fixe le chiffre des subventions en prenant en considération la somme portée au budget, dans la limite des minima et maxima suivants :

1° 30—70 pour 100 des frais pour la création de nouvelles forêts (art. 24, chiffre 1);

2° 20—50 pour 100 pour les boisements prévus au chiffre 2 de l'article 24.

Toutefois, ces subventions ne sont pas accordées lorsqu'il s'agit des forêts de l'Etat.

Le Conseil fédéral ne livrera les subventions aux gouvernements cantonaux que lorsqu'il se sera assuré, par le rapport de l'inspecteur forestier fédéral, que les travaux ont été exécutés conformément aux règles prescrites et que le calcul des frais est exact.

Art. 26. En recevant la subvention, le canton s'engage vis-à-vis de la Confédération à soigner et protéger les boisements et à exécuter les améliorations qui deviendront nécessaires.

VI. Dispositions pénales.

Art. 27. Les contrevenants aux dispositions renfermées dans la présente loi sont passibles, outre les dommages-intérêts, d'amendes qui sont fixées comme suit :

1° Pour non-exécution du bornage dans le terme prescrit ou pour retard dans ce bornage (art. 10) : 5 à 50 fr. ;

2° Pour diminution de l'aire forestière sans la permission des autorités cantonales (art. 11) : 100 à 200 fr. par hectare. Les terrains défrichés devront être reboisés dans le délai d'un an ;

3° Pour partage ou aliénation de forêts sans autorisation cantonale (art. 12 et 13) : 10 à 100 fr. par hectare ;

4° Pour constitution de nouvelles servitudes (art. 14) : 10 à 100 fr. ;

5° Pour contravention aux prescriptions de l'aménagement définitif ou provisoire, si des amendes particulières ne sont déjà fixées (art. 16 et 17) : 20 à 300 fr. ;

6° Pour des coupes illicites dans toutes les forêts soumises à la haute surveillance fédérale (art. 16, 17, 18 et 19) : 1 à 10 fr. par mètre cube (masse réelle) ;

7° Pour non-observation des autres prescriptions contenues dans les articles 19 et 20 sur les forêts protectrices : 10 à 100 fr. ;

8° Pour non-exécution de boisements ordonnés dans les susdites forêts (art. 11 et 21) : 20 à 100 fr. par hectare ;

9° Pour exploitations accessoires faites contrairement à une défense ou aux prescriptions de la présente loi (art. 20) : 5 à 500 fr.

L'enquête et le jugement de ces contraventions, ainsi que l'application des amendes, sont abandonnés aux autorités cantonales.

Art. 28. Si le propriétaire foncier persiste dans son refus d'exécuter les travaux prescrits, ceux-ci pourront être entrepris par le gouvernement cantonal aux frais du propriétaire.

Art. 29. Les cantons prennent les mesures nécessaires contre les délits forestiers, les incendies, les ravages causés par les vents, les insectes, etc.

Ils édictent les pénalités qui s'y rapportent.

VII. Dispositions transitoires et finales.

Art. 30. Aussi longtemps que la présente loi n'aura pas reçu sa pleine application dans certains cantons, et qu'en particulier il n'aura pas été nommé de titulaires aux emplois qui y sont prévus, le Conseil fédéral se chargera, suivant l'urgence, de veiller à la conservation et à l'aménagement des forêts soumises à sa haute surveillance.

Le canton intéressé pourra être tenu au remboursement des frais extraordinaires qui par ce fait seraient occasionnés à la Confédération.

Le Conseil fédéral fixera, pour chaque canton en particulier, l'époque où ces prescriptions transitoires devront cesser. Jusqu'alors, les prescriptions des lois cantonales sur les déboisements restent en vigueur sous la réserve de l'approbation du Conseil fédéral.

Art. 31. Le Conseil fédéral est chargé, conformément aux dispositions de la loi fédérale du 17 juin 1874 concernant les votations populaires sur les lois et arrêtés fédéraux, de publier la présente loi et de fixer l'époque où elle entrera en vigueur.

Cette loi a été publiée le 29 avril 1876 ; elle sera promulguée prochainement si aucune opposition n'est soulevée avant le 28 juillet.

PRUSSE.

Le gouvernement allemand, frappé des dangers considérables que la destruction des forêts entraînait avec elle dans certaines contrées et spécialement en montagne, sur les bords de la mer et sur les sols mouvants, avait déjà, depuis plusieurs années, cherché à remédier à cet état de choses par la législation. En 1868, il avait soulevé la question d'un règlement général et avait soumis à la Chambre des députés un projet de loi sur la création des Sociétés forestières ; projet qui, vu la clôture de la session, fut renvoyé à la commission de l'agriculture. La Chambre des députés, lors de la discussion du budget de l'Administration forestière de 1873, avait aussi exprimé le désir de voir le gouvernement soumettre à la Diète un projet de loi sur la culture et sur la conservation des forêts. C'est dans ce sens qu'un projet de loi fut préparé par le gouvernement et soumis le 20 janvier 1875 à l'approbation de la Chambre des députés et de celle des seigneurs. Le 6 juillet 1875, un décret impérial promulguait la nouvelle loi sur la conservation et la création des forêts de protection et sur la constitution des associations forestières.

Mais, avant de donner la teneur de cette loi, il nous paraît intéressant de retracer brièvement, d'après l'exposé des motifs, la législation actuelle qui régit les forêts des communes et des particuliers.

Une loi récente a reconnu à l'Etat le droit d'exercer son inspection sur l'administration des forêts communales de tout l'empire, mais l'exercice de ce droit est, dans certaines provinces, réglementé d'après des principes essentiellement différents.

Ainsi on peut établir quatre différences bien tranchées :

1° Dans les provinces de Prusse, de Poméranie, de Posen, l'Etat exerce seulement, au moyen des gouverneurs de districts, son droit de surveillance sur les aliénations, les défrichements et les coupes extraordinaires. Dans la province de Hanovre, son inspection se borne à veiller au maintien de la possibilité. Sauf ces restrictions, les communes administrent leurs forêts comme elles l'entendent.

2° Dans les provinces de Saxe, de Westphalie et dans la province du Rhin, les communes administrent elles-mêmes leurs forêts, mais elles doivent soumettre à l'approbation de l'administration du district les projets d'aliénations, de défrichements et de coupes extraordinaires, se conformer, pour l'administration technique, aux principes adoptés par l'autorité locale et préposer à la gestion et à la conservation des forêts des employés capables et agréés par le gouvernement du district. L'Etat a le droit de surveiller l'exploitation au moyen de ses agents locaux, d'examiner les plans de culture et d'exploitations annuelles et d'en surveiller l'exécution au moyen d'une vérification faite sur les lieux.

3° Dans les anciennes principautés du Calemberg, de Gottingue et dans la province de Hanovre, ainsi que dans l'ancien duché de Nassau, l'administration technique des forêts communales est réservée aux agents de l'Etat. Pour les frais de gestion, les communes doivent verser dans les caisses de l'Etat une somme fixe par arpent. Elles n'ont pas à s'immiscer dans la nomination de ces agents, ne peuvent que présenter des vœux sur les plans d'exploitation générale et annuelle et ont le droit de disposer des bois chablis.

4° Dans l'ancien électorat de Hesse, l'administration et l'exploitation des forêts communales appartiennent aux agents de l'Etat. Les *Revierforster* établissent les projets d'exploitation générale, de coupes annuelles, ainsi que les plans de culture. Les inspecteurs examinent ces projets, et le collége forestier (*Oberforst Collegium*), comme juge d'inspection, les fait exécuter. L'administration des forêts communales est ainsi entre les mains de l'Etat et les communes n'ont qu'un droit très-restreint dans la gestion de leurs forêts.

Dans l'ancien duché de Hesse et dans les provinces de Hesse-Hombourg, la législation est en principe la même, seulement les présidents des communes ont le droit de présenter leurs observations sur les mesures prises par l'administration.

Dans les cinq provinces de l'Ouest, l'Etat n'a pas un droit spécial d'inspection sur les forêts appartenant à des établissements publics, mais dans les autres provinces, l'administration des forêts de cette nature est soumise aux mêmes règlements que ceux exposés ci-dessus pour les forêts communales.

Les forêts des particuliers sont, comme les précédentes, soumises à une législation très-variable suivant les provinces.

Dans les anciennes provinces bavaroises, les particuliers n'ont pas le droit de défricher ni d'exploiter à blanc étoc les forêts situées sur les versants ou sur les sommets des montagnes, sur les terrains rocailleux et sur ceux où leur armature est nécessaire au maintien des terres et à l'alimentation des sources et des rivières ; ils ne peuvent en outre déboiser les terrains en nature de bois, et ils doivent repeupler les parties incendiées. Des amendes sont prononcées contre les contrevenants et les travaux de reboisement sont exécutés à leurs frais. Le droit de propriété n'est soumis qu'à ces restrictions.

Dans l'ancien duché de Nassau, l'administration des forêts particulières est laissée à leurs propriétaires. Les agents de l'Etat peuvent cependant s'opposer au défrichement et à la dévastation. Les propriétaires sont obligés de donner des renseignements sur les exploitations annuelles et sur le traitement de leurs bois, sans pourtant être tenus, en tant que leurs exploitations n'ont pas le caractère de dévastation, d'accepter les modifications proposées par les agents.

Dans l'ancien électorat de Hesse, l'autorité forestière doit s'opposer à toute administration anti-forestière, aux dévastations des forêts particulières, et forcer les propriétaires à repeupler les parties ravagées.

Dans le comté de Hesse-Hombourg, les particuliers ne peuvent, sans exception, dévaster leurs forêts, et pour toute propriété d'une contenance supérieure à 20 arpents, les projets de culture et d'exploitation doivent être soumis à l'autorité chargée de l'inspection.

Dans les provinces du Schleswig-Holstein, les propriétaires des forêts soumises par l'Etat à des droits d'usage au bois de feu en faveur de villages, doivent les exploiter avec ménagement et ne peuvent les défricher sans l'autorisation du gouvernement.

Dans les provinces du Rhin, tout défrichement est interdit sans l'autorisation préalable du gouvernement, et l'autorité forestière a le droit de s'opposer à toute exploitation contraire à l'économie forestière.

Dans les autres provinces, l'Etat ne jouit pas du droit d'inspection qu'il exerce sur les forêts particulières dans les provinces ci-dessus désignées. Chaque propriétaire a le droit de jouir et de disposer de ses forêts comme il l'entend autant que les droits des tiers ne s'y opposent pas.

Sous l'empire de la législation actuelle dans les différentes provinces de la monarchie, il existe donc une différence presque fondamentale entre l'administration des forêts communales et celle des forêts particulières ; tandis que celles-là sont partout soumises, dans une mesure plus ou moins grande, à la surveillance de l'Etat, celles-ci en sont pour la plupart complétement affranchies.

Voici la teneur de la loi du 6 juillet 1875 extraite de l'*Annuaire forestier prussien* (*Jahrbuch der Preussischen Forst*), année 1876, n° 8.

LOI DU 6 JUILLET 1875

SUR LES FORÊTS DE PROTECTION ET SUR LES ASSOCIATIONS FORESTIÈRES.

I. Principes généraux.

§ 1. L'administration et l'exploitation des forêts ne sont soumises qu'aux restrictions de police générale que règle la présente loi.

Les règlements particuliers existant sur l'exploitation, la surveillance et l'administration des forêts de l'Etat, des communes, des corporations, des sociétés et des établissements, ainsi que des forêts du Schleswig-Holstein, désignées sous le nom de *Bondenholzungen*, continueront cependant à être en vigueur.

II

§ 2. Dans les cas où :

a. Par suite de la nature sablonneuse du sol, les terrains voisins, les travaux publics, les cours d'eau naturels ou artificiels peuvent être ensablés ;

b. Par suite de l'entraînement du sol ou de la formation de torrents sur les hauteurs dénudées, sur les sommets et les flancs des montagnes, les propriétés sous-jacentes, les routes ou les habitations sont menacées d'être détruites ou ensevelies par des avalanches de terre ou de pierres et même d'être entraînées avec elles lorsque ces propriétés, ces travaux publics et ces constructions sont situés sur des montagnes ;

c. Par suite du défrichement des forêts situées sur les rives des canaux ou de cours d'eau naturels, les terrains riverains peuvent être ravagés par les eaux et les constructions ou les travaux publics placés sous la protection de ces forêts ont à redouter la débâcle des glaces ;

d. Par suite du défrichement d'une forêt, on a à craindre une diminution dans l'étiage des rivières ;

e. Par suite du défrichement d'une forêt dans une contrée dénudée ou dans le voisinage de la mer, les cultures et les villages voisins peuvent avoir à redouter l'action désastreuse du vent ;

Dans ces différents cas, pour détourner ces dangers, le mode d'exploitation ainsi que l'exécution de certaines cultures forestières ou de travaux de protection analogues seront réglés sur propositions (§ 3) lorsque l'importance du dommage à détourner sera supérieure au préjudice que les restrictions nécessaires pourront apporter à la jouissance de ces propriétés.

La fixation et le reboisement des dunes ne trouvent aucune application dans cette loi.

§ 3. La proposition d'un règlement conformément au paragraphe 2 peut être faite :

a. Par chaque intéressé menacé ;

b. Par les communes, les cercles, les bailliages ou par des associations communales analogues dans tous les cas du paragraphe 2 qui peuvent se présenter dans leurs circonscriptions ;

c. Par les autorités de police du pays.

§ 4. Les propriétaires, les usagers et les fermiers des terrains dangereux sont tenus d'apporter à leurs exploitations toutes les restrictions nécessaires pour l'application du paragraphe 2 de la présente loi et d'exécuter les cultures forestières et les travaux de protection ordonnés. Il leur est cependant alloué une indemnité pour le préjudice que ces restrictions de jouissance pourront leur causer. Les propriétaires ont aussi le droit de demander à établir et à entretenir, à leurs frais, les travaux de protection ordonnés, mais ils resteront soumis à l'inspection réglée au paragraphe 20.

§ 5 Les frais d'établissement et d'entretien des travaux de protection, ainsi que les indemnités, seront réglés d'après les principes suivants :

Celui qui aura fait la proposition sera responsable des indemnités et de la fourniture des sommes nécessaires à l'établissement et à l'entretien des travaux de protection et de culture forestière stipulés au paragraphe 2.

Pourtant dans les cas *a*, *b* et *c* dudit paragraphe, les propriétaires des terrains menacés auront à contribuer à ces frais dans une certaine proportion, qui ne pourra dépasser la valeur du dommage à prévenir.

Les propriétaires des terrains dangereux ont aussi, et cela dans tous les cas du paragraphe 2, à contribuer aux dépenses des travaux de protection dans une proportion qui ne pourra dépasser la plus-value que prendront leurs terrains ainsi protégés.

§ 6. Toute proposition, autant qu'il n'y aura pas d'intérêt public en jeu, pourra être retirée jusqu'à la fixation du règlement par le Tribunal de protection des forêts ; cependant, dans les cas *a*, *b* et *c* du paragraphe 2, après la publication du règlement du commissaire, elle ne pourra être retirée que lorsque son auteur aura fourni sa quote-part pour le payement des indemnités et des frais de construction des travaux de protection.

§ 7. Le comité du cercle, et dans les provinces de la principauté de Hohenzollern le comité du bailliage, seront juges de cette question et fixeront les règles à suivre dans chaque cas particulier ainsi que les indemnités et les dépenses (§ 5). Les comités de cercle et de bailliage prendront dans ce cas le nom de *Tribunal de protection des forêts.*

La procédure devant ce Tribunal, l'appel de ses décisions et la procédure dans l'instance de l'appel auront lieu conformément aux règles de la justice ordinaire. La procédure devant ce Tribunal sera pourtant soumise aux règles suivantes :

§ 8. La proposition d'un règlement, en conformité du paragraphe 2, sera remise par écrit au Tribunal compétent.

Les terrains dangereux et ceux menacés et le genre de danger y seront exactement indiqués, un projet sur les mesures de protection à prendre y sera annexé.

La compétence du tribunal sera déterminée par la situation des terrains dangereux. La proposition émane-t-elle du district lui-même ou est-elle dirigée contre lui, l'administration judiciaire décidera dans ces cas quel est le tribunal compétent.

§ 9. Le Tribunal charge un de ses membres ou même un expert, comme commissaire, d'examiner la question dans son ensemble et sur les lieux de faire une enquête et de prendre tous les renseignements nécessaires.

§ 10. Le Tribunal peut, sur la proposition du commissaire ou des intéressés, avant tout jugement, décider s'il y a un danger dans le sens du paragraphe 2 et suspendre toute discussion jusqu'à ce que cette question soit jugée.

Le commissaire aura préalablement formulé son avis sur cette question, dont il aura été donné connaissance aux intéressés conformément au paragraphe 13.

§ 11. L'examen du commissaire pour préparer son projet de règlement devra porter sur les points suivants :

1° Indication des terrains dangereux et des terrains menacés;

2° Restrictions à apporter à l'exploitation des terrains dangereux ;

3° Etablissement, entretien et surveillance des cultures forestières nécessaires et des travaux de protection analogues ;

4° La nature des indemnités. Par qui seront-elles supportées? dans quelle proportion? quel en sera le montant et dans quel délai devront-elles, comme les dépenses des travaux de protection, être fournies?

§ 12. Au projet de règlement sera annexé un rapport où seront établis les avis formulés et où seront discutées les questions soulevées.

§ 13. Le commissaire déposera pendant quatre semaines, chez le président de la commune sur le territoire de laquelle est situé le terrain en question, son avis et le règlement, pour que les propriétaires, les usagers et les fermiers des terrains dangereux, ainsi que les intéressés menacés, puissent en prendre connaissance; il préviendra les intéressés de ce dépôt.

Si la proposition émane d'une association communale ou de l'autorité de police du pays, l'avis et le règlement leur seront notifiés. En même temps, le commissaire convoquera tous les intéressés à une discussion orale sur les objections soulevées contre le projet de règlement en les avertissant que toute observation postérieure sera rejetée par le Tribunal de protection des forêts.

Dans la discussion orale le commissaire examinera les objections et les contre-propositions et déterminera celles sur lesquelles l'entente n'a pu avoir lieu.

§ 14. Le Tribunal sera juge de toutes les plaintes formulées sur la conduite de l'affaire par le commissaire.

§ 15. Lorsqu'il n'y a pas d'objections et que l'intérêt public n'est pas en jeu, le Tribunal peut, sans autre instruction, adopter et arrêter le règlement. Avis de la décision sera donné aux intéressés en les avertissant qu'il leur est accordé un délai de dix jours francs pour déposer leur requête d'appel et demander une discussion orale. S'il n'y a pas d'appel, la décision du Tribunal sera définitive à partir du jour du prononcé.

§ 16. Dans le cas d'une discussion orale devant le Tribunal, les intéressés menacés, les propriétaires, les usagers et les fermiers des terrains dangereux et l'auteur de la proposition (§ 4, 5 et 11, n° 4) seront convoqués par lettres spéciales ; toutes les autres personnes qui peuvent avoir un intérêt quelconque dans la question, seront prévenues par une note insérée dans la feuille officielle du cercle ou du district avec l'avertissement que toute observation, après la clôture de la discussion, ne sera plus admise.

Les Tribunaux ordinaires seront juges compétents des questions soulevées sur l'existence et sur l'étendue des droits privés.

§ 17. La contribution aux indemnités et aux dépenses d'établissement des travaux de protection (§ 5), imposée par le règlement aux propriétaires des terrains dangereux ou menacés, repose sur ces terrains et est assimilée aux charges publiques communes.

La contribution sera répartie sur chaque terrain proportionnellement, d'après un parcellaire. Les arriérés dus par les fermiers et autres concessionnaires des produits des terrains en question peuvent être recouvrés par voie administrative, sauf recours de ces derniers contre les propriétaires. Les restrictions imposées aux propriétaires des terrains dangereux et de ceux menacés seront insérées dans le cadastre sous la rubrique des articles visés par le règlement. L'insertion sera faite sur la proposition du président du Tribunal.

§ 18. Les actes et les débats pendant le cours de la procédure ainsi que l'insertion dans le cadastre et les renseignements fournis par les Tribunaux ou par d'autres autorités sont exempts de timbre et d'honoraires ; les frais déboursés seront seuls ordonnancés.

Les commissaires, autant qu'ils ne sont pas membres du Tribunal de protection des forêts, et les experts appelés, touchent, pour leurs dépenses et pour les frais de route et de séjour, des indemnités conformément au règlement du 25 avril 1836 et aux décisions ultérieures qui pourraient être prises à ce sujet.

Tout membre du Tribunal, nommé commissaire, ne peut prétendre au remboursement des frais de route et de voyage fixés par le règlement des frais.

§ 19. Les frais de procédure, qui, au besoin, sont pris sur la caisse communale du cercle, ou, si la motion émane de l'autorité de police du pays, qui doivent être payés par cette dernière, seront supportés par l'auteur seul de la proposition lorsqu'elle aur a été rejetée ou retirée ; dans le cas contraire le règlement des frais sera établi conformément aux règles des paragraphes 4 et 5 de la présente loi sur le payement des indemnités et des dépenses occasionnées par les constructions précitées.

§ 20. L'exécution du règlement, en particulier, la répartition et le recouvrement des contributions déterminées pour indemnités et pour frais de construction des ouvrages de protection, le payement des indemnités et la surveillance de l'exécution conforme, de l'entretien des travaux ordonnés et de l'observation des prescriptions du règlement incombent au président du Tribunal de protection des forêts.

Toute réclamation contre un ordre du président contraire au règlement doit être déposée dans le délai de dix jours à partir de la notification de l'ordre, pour être jugée par le Tribunal.

§ 21. En cas d'urgence, le président du Tribunal peut, dans l'intérêt public, avant toute décision légale, prendre des mesures nécessaires pour arrêter toute entreprise qui pourrait augmenter le danger en modifiant l'exploitation du terrain ; il fera exécuter ces ordres par voie de contrainte légale conformément aux paragraphes 79 et 81 de l'ordonnance royale du 18 décembre 1872.

Toute réclamation contre ces ordres ou contre les peines prononcées pour contraventions peut être déposée au Tribunal d'administration pendant dix jours à partir de la notification.

§ 22. Toute modification ultérieure à introduire dans le règlement doit être proposée par un intéressé et donnera lieu à la même instruction que pour l'établissement du règlement primitif.

III. Des associations forestières.

§ 23. Dans les cas où des terrains en nature de bois, voisins ou enclavés les uns dans les autres, ne pourront être convenablement exploités que par l'association commune des propriétaires, sur la proposition :

a. De chaque propriétaire individuellement ;

b. De la commune, du cercle, du bailliage ou d'une association communale du même genre, sur le territoire desquels sont situés les terrains ;

c. De l'autorité de police du pays,

Les propriétaires en question se réuniront pour former une association forestière dans le but :

1° De régler et d'obtenir une protection commune et de prendre des mesures nécessaires pour arriver à une exploitation convenable des terrains de la Société ;

2° Ou d'administrer en commun et d'après un plan d'exploitation unique, conforme aux règles de l'économie forestière, les forêts de la Société.

§ 24. Une association est constituée :

a. Dans le cas du paragraphe 23, n° 1, lorsque la majorité des intéressés déterminée par les revenus des terrains indiqués au cadastre aura souscrit à la proposition ;

b. Dans le cas du paragraphe 23, n° 2, lorsqu'au moins le tiers des intéressés aura adopté la proposition et que le revenu de leurs terrains dépassera au moins la moitié du revenu cadastral de tous les terrains à mettre en commun.

§ 25. Les rapports légaux de la Société et de ses membres seront réglés par des statuts. Le principe de ce règlement est le suivant : aucun changement ne pourra être apporté au mode de jouissance et de propriété particulière des intéressés.

Les statuts seront adoptés à la majorité déterminée par le paragraphe 24.

§ 26. Les statuts devront contenir :

1° Le nom, le siége et le but de l'association ;

2° Une description exacte de chaque terrain en particulier, et de l'étendue de la propriété de la Societé ;

3° Pour les associations constituées dans le but défini au paragraphe 23, n° 2, le mode d'administration, le plan d'exploitation et les formalités à suivre pour y apporter des modifications, ainsi que les prescriptions administratives à observer jusqu'à l'établissement du plan d'exploitation ;

4° Les charges et les restrictions à imposer aux associés ;

5° Les rapports des associés avec les usagers ;

6° La participation de chacun aux bénéfices, aux charges (§ 27) et aux votes ;

7° Les formalités suivant lesquelles les rôles de répartition doivent être publiés et les délais dans lesquels les réclamations devront être formulées et jugées ;

8° L'organisation intérieure de la Société et son fonctionnement.

Chaque association aura un président qui, dans toutes les circonstances et dans les actes et les procès pour lesquels la loi exige un mandataire, sera chargé de la représenter suivant les formalités réglées par les statuts.

§ 27. La participation de chaque associé à l'organisation commune sera réglée dans les statuts pour toute la durée de la Société, d'après les principes suivants, à défaut d'autres conventions verbales faites par les intéressés :

a. Dans le cas du paragraphe 23, n° 1, chaque associé administre lui-même son terrain et en supporte les dépenses, mais les frais de l'organisation commune seront répartis entre tous les associés, proportionnellement pour chacun au revenu net de son terrain indiqué au cadastre ;

b. Dans les cas du paragraphe 23, n° 2, les bénéfices, les frais et les charges de l'exploitation commune des forêts de la Société seront répartis entre tous les associés, proportionnellement pour chacun à la valeur-capital des fonds et de la superficie de son terrain.

Dans ce dernier cas, il est toujours permis à un propriétaire de défricher et de vendre à son profit, avant son entrée dans la Société, une superficie exploitable ; seulement, il aura seul à supporter les premiers frais du reboisement. De même, tout associé propriétaire d'un terrain non boisé, sera tenu de le boiser à ses frais. Dans les deux cas on tiendra compte aux associés, dans l'établissement de leur quote-part, de ces premiers frais de culture.

§ 28. Sauf conventions contraires, la proportion de suffrages accordée à chaque associé sera réglée d'après sa participation aux charges et aux bénéfices. L'apport du plus faible intéressé sera pris pour unité ; il ne sera pas tenu compte des fractions d'unités. Chaque associé aura droit au moins à une voix et aucun ne pourra réunir plus des deux cinquièmes de toutes les voix.

§ 29. L'obligation de contribuer aux charges de l'association repose sur les terrains mis en commun et est assimilée aux charges publiques communes.

Ces charges seront réparties proportionnellement sur chaque terrain d'après un parcellaire.

Les arriérés dus par les fermiers ou les usagers des terrains en question seront recouvrés par voie de contrainte administrative, sauf recours de ceux-ci contre les propriétaires.

§ 30. Si des terrains de la Société sont grevés de servitudes, leurs propriétaires devront y apporter toutes les restrictions que peut réclamer l'intérêt de l'association qui allouera des indemnités aux intéressés.

§ 31. La création d'une association forestière est autorisée par le comité du cercle, et dans la principauté de Hohenzollern, par le comité du bailliage.

Ces deux comités prennent alors la désignation de Tribunal de protection des forêts.

La demande doit être déposée par écrit au Tribunal du district sur le territoire duquel les terrains à mettre en commun sont situés en totalité ou au moins pour la plus grande partie. Emane-t-elle du cercle même (bailliage dans la principauté de Hohenzollern), l'administration judiciaire désignera dans ce cas le Tribunal compétent. Dans la proposition on devra, pour chaque terrain, en indiquer la situation, relater les indications du cadastre et donner sur chacun d'eux des renseignements complets.

§ 32. Le Tribunal fera, conformément au paragraphe 9 de la présente loi, étudier la demande sur les lieux par un commissaire qui sera chargé de réunir tous les intéressés pour discuter la proposition. La convocation leur sera faite par écrit en les avertissant que les absents seront considérés comme acceptant la décision des membres présents.

§ 33. Si la création de la Société n'est pas conclue (§§ 23, 24, 32), le commissaire saisit alors de la discussion le Tribunal qui, en pareil cas, rejette la demande par un arrêt motivé.

§ 34. Dans le cas contraire, le commissaire doit, conformément aux prescriptions de la présente loi et d'après des considérations particulières à la future société, avec le concours des intéressés ou d'une commission nommée par eux à cet effet, élaborer un projet de statuts et régler les restrictions à apporter aux servitudes à moins que les lois en vigueur ne puissent en poursuivre l'extinction, ainsi que les indemnités correspondantes à allouer aux intéressés.

Ce projet et ce règlement seront, suivant les formalités indiquées au paragraphe 13, rendus publics et soumis à l'approbation des intéressés.

§ 35. En même temps, le commissaire convoquera à une discussion orale les intéressés et les usagers en les avertissant que toute absence de leur part sera considérée comme une marque d'adhésion au projet.

Dans la discussion orale, le commissaire examinera les objections soulevées contre le projet des statuts ou contre le règlement des restrictions, des servitudes et des indemnités correspondantes et fixera les points sur lesquels l'entente n'a pu se faire.

Il soumettra la discussion au Tribunal avec son avis sur la question d'urgence.

§ 36. Si le projet des statuts n'a pas réuni dans la discussion orale la majorité des voix stipulée au paragraphe 25, le Tribunal prononcera, par un arrêt motivé, le rejet de la proposition de constituer une association forestière.

§ 37. Dans le cas contraire, le Tribunal établira, dans un jugement définitif, s'il y a nécessité, conformément au paragraphe 23, de réunir les propriétaires intéressés dans une association forestière, si les statuts ont réuni la majorité légale nécessaire des voix, s'ils sont conformes aux prescriptions légales et s'ils ne blessent aucun intérêt public. Si aucune objection n'est soulevée dans ces diverses questions, le Tribunal décidera la constitution de la Société forestière d'après les statuts adoptés.

En même temps, le Tribunal appréciera les observations qu'auront pu soulever le règlement des restrictions des servitudes et la fixation des indemnités correspondantes.

§ 38. Si la création d'une société forestière est arrêtée et les décisions précédentes du paragraphe 37 conclues, le Tribunal ratifiera les statuts.

La Société sera constituée d'après ces statuts, qui auront force de loi.

§ 39. Les restrictions et les charges imposées aux propriétaires des terrains appartenant à la Société doivent être inscrites au cadastre sous la rubrique des articles visés dans les statuts.

L'insertion sera faite sur la proposition du président du Tribunal.

§ 40. Les règles du paragraphe 14 sont applicables à la procédure à suivre devant le commissaire et celles des paragraphes 18 et 19 à la répartition des frais.

Ces frais, s'ils n'ont pas été mis par un jugement du Tribunal à la charge d'une partie, seront supportés par les associés dans la proportion indiquée au paragraphe 27 de la présente loi et inscrite dans les statuts au chapitre des charges.

§ 41. La procédure devant le Tribunal de protection des forêts, l'appel de ses décisions et la procédure dans l'instance de l'appel auront lieu conformément aux règles établies par la loi pour les Tribunaux administratifs.

§ 42. La Société peut en son nom acquérir des droits et prendre des engagements, faire sur ses terrains tout acte de propriété et comparaître en justice comme demanderesse ou comme défenderesse. Le Tribunal compétent est, pour chaque société, celui dans le ressort duquel elle a son siége.

§ 43. La Société est responsable de ses engagements.

Les créances auxquelles la Société ne pourrait faire droit seront payées au moyen d'apports faits par tous les associés d'après une proportion déterminée par les statuts.

§ 44. Toute société ainsi constituée est placée sous la surveillance de l'Etat. Tout Tribunal de protection des forêts exercera dans son ressort cette surveillance en se conformant aux statuts de la Société et avec l'attribution et l'étendue que la loi confère aux autorités chargées de la surveillance des communes.

En cas d'urgence, le président du Tribunal peut, au nom de ce dernier, prendre toutes les dispositions nécessaires. Toute protestation contre ces mesures sera jugée par le Tribunal administratif.

§ 45. Si, dans la suite, il paraît nécessaire de modifier les statuts, on suivra la procédure adoptée dans le principe pour leur établissement.

La dissolution d'une société, constituée d'après la présente loi, ne sera prononcée que si elle est adoptée par la majorité des intéressés stipulée au paragraphe 24 pour sa création. La résolution sera soumise à l'approbation des autorités de surveillance (§ 44).

§ 46. En cas de dissolution d'une société établie sur les bases du paragraphe 23, n° 2, chaque associé reprend possession de son terrain pour l'administrer à son profit. En outre, à moins de stipulations contraires dans les statuts, le matériel existant dans les forêts de la Société sera partagé entre tous les associés proportionnellement à la valeur-capital du matériel de chacune d'elles au moment de la formation de la Société.

Si la valeur du matériel actuel est inférieure à celle du matériel primitif, cette différence en moins devra être parfaite par ceux des associés dont la forêt aura acquis une plus-value.

IV. Partage des forêts de communautés.

§ 47. Toute demande d'un partage, autorisé par la loi, d'une forêt appartenant à une commune ou à une société qui peut, par ce fractionnement, être compromise dans l'économie de son exploitation, devra être approuvée par la majorité des intéressés à ce partage.

V. Dispositions transitoires.

§ 48. Dans les provinces de la monarchie où il n'y a pas actuellement de Tribunaux administratifs, les fonctions que leur confère la présente loi seront, jusqu'à l'établissement de ces Tribunaux, exercées, en premier ressort, par des Tribunaux spéciaux dits *de protection des forêts* et établis suivant les besoins de chaque cercle d'après les prescriptions du paragraphe suivant, et en deuxième ressort, par les députations provinciales (§§ 40 et 41 de la loi du 8 mars 1871).

§ 49. Le Tribunal de protection des forêts sera composé du chef du cercle comme président, et de six membres nommés par l'assemblée du cercle à la majorité absolue des voix. Est éligible, à l'exception des militaires en fonctions, tout citoyen allemand indépendant qui :

a. A son domicile dans le cercle ;

b. Jouit de ses droits civils.

Est considéré comme indépendant celui qui a vingt et un ans accomplis et auquel un conseil judiciaire n'a pas retiré la jouissance et l'administration de sa fortune.

Les prêtres, les attachés au service des églises et les instituteurs ne peuvent être membres de ce Tribunal ; les fonctionnaires de l'ordre judiciaire, parmi lesquels il ne faut pas comprendre les membres techniques des tribunaux de commerce et d'industrie, ne peuvent en faire partie qu'avec l'assentiment du ministre compétent.

Les membres sont élus pour six ans ; tous les deux ans, l'assemblée se renouvellera par tiers par tirage au sort ; les membres sortants pourront être réélus. Ils prêteront serment entre les mains du président et ne pourront être révoqués que par une décision des députations provinciales. Ils recevront sur la caisse communale du cercle une indemnité à raison de leurs fonctions.

Au-dessus d'eux préside la Diète du cercle.

§ 50. Le Tribunal peut délibérer quand trois membres, y compris le président, sont présents. Les décisions sont prises à la majorité.

Lorsque l'objet de la discussion intéresse un membre du Tribunal ou un de ses parents ou alliés en ligne directe ou en ligne collatérale jusqu'au troisième degré, ce membre ne pourra pas prendre part à la délibération. Le Tribunal se trouve-t-il, par suite, dans l'impossibilité de délibérer, la députation provinciale portera l'affaire devant le Tribunal du district voisin.

§ 51. Jusqu'à l'établissement d'un Tribunal dans chaque cercle, toutes les demandes (§ 3 et § 23) devront être adressées au chef de cercle, qui sera chargé de constituer aussitôt un tribunal de protection des forêts.

En cas d'urgence, le chef de cercle pourra prendre, conformément au paragraphe 23, toutes les mesures nécessaires.

§ 52. Les prescriptions des paragraphes 49, 50, 51 sont également applicables aux cercles des villes libres ; seulement, le chef de cercle y sera remplacé par le bourgmestre et l'assemblée du cercle par celle des députés de la ville.

VI. Dispositions pénales.

Tout propriétaire, usager ou fermier qui abattra du bois, contrairement aux prescriptions du règlement (§ 20), sera passible d'une amende égale au double de la valeur du bois coupé.

Toute contravention à un article du règlement prescrivant ou défendant un mode spécial d'exploitation sera punie d'une amende qui pourra aller jusqu'à 100 marcs (125 francs).

§ 54. Le ministre des affaires administratives du pays est chargé de l'exécution de la présente loi.

Nous publierons prochainement le projet de loi sur la protection des forêts actuellement à l'étude en Espagne.

Paris. — Typographie A. Hennuyer, rue d'Arcet, 7.

www.ingramcontent.com/pod-product-compliance
Lightning Source LLC
Chambersburg PA
CBHW061639050726
47595CB00007B/3256